AF453995

Le livre, dérobé à la B.N., a été
retrouvé par moi à Paris sur les
quais [cet automne] en 1950

Paul L[...]

CAROLINE

ET

SAINT-HILAIRE.

CAROLINE

ET

SAINT - HILAIRE,

OU

LES PUTAINS

[P]ALAIS - ROYAL.

[O]RNÉ DE DIX GRAVURES.

TOME PREMIER.

LONDRES.

DANS UN B.....

1784.

AVIS

DU TRADUCTEUR.

———

Je suis persuadé que le plus grand
nombre des lecteurs va révoquer en
doute la certitude que cet onvrage
soit une traduction de l'italien. Comment peut-il se faire, vont-ils dire qu'un
ouvrage dont la scène paraît se passer
en France, à Paris même, dont la topographie est si exacte, dont tous les
caractères et les noms sont français,
ait été composé et imprimé en Italie ?
Cette objection, la seule qui puisse être
vraisemblablement proposée, va tomber d'elle-même par les réflexions sui-

vantes : d'abord, je pourrais dire les mémoires de la célèbre C...m, où n'ont-ils pas été imprimés, en Allemagne avant de l'être en France ? Mais il n'y a pas entièrement parité, diront les critiques, puisqu'alors il faudrait que l'héroïne fut française et que seulement l'ouvrage eût été imprimé en italien ; aussi je ne m'arrête pas beaucoup à mon argument ; mais n'est-il pas vrai que souvent, et même presque toujours, les auteurs qui craignent que l'on arrête leur écrit, ou qui attaquent des personnes dont ils ont à craindre le ressentiment, changent le lieu de la scène et feignent qu'un évènement qui se passe près d'eux, a lieu au contraire chez une nation étrangère, dont ils donnent les caractères, les mœurs, les noms à leurs héros ? Tous les ouvrages allégoriques sont faits de cette manière.

Voyez *les Lettres d'Aspasie*, *les Lettres Persanes*, etc., etc. Eh bien! chers lecteurs, il en est de même de cet ouvrage, les événemens ont eu lieu en Italie, et l'éditeur italien, que je connais particulièrement, pour déjouer les poursuites de son héroïne, affirme que cette histoire très-véritable s'était passée en France et c'est pour cela qu'il a si bien suivi la topographie. Il paraît quoiqu'il en soit que cet éditeur est aussi habile géographe qu'énergique historien; car il faut avouer qu'il désigne juste; au surplus une autre raison, non moins convaincante que les précédentes qui triomphera absolument des incrédules, s'il y en avait encore après ce que je viens de dire, c'est qu'il est impossible que parmi nos nouvelles parvenues françaises, il s'en trouve d'aussi dévergondées que Caroline et qu'en conséquence il n'est pas possible que cette héroïne soit française. Que l'on demande plutôt aux riches fournisseurs Lisette N.... Catiche N... Goton N.... Nanette N.... Toutes brillantes parvenues et qui connaissent bien toutes les dames de la nouvelle France ; elles vous diront que si on attribue de pareils passe-temps à quelques-unes d'elles, ce serait mentir de presque moitié, après cela chers lecteurs vous êtes convaincus, je pense ; ainsi je me tais.

Noc ed Liop.

DÉDICACE.

L'EDITEUR A L'AUTEUR.

Je ne puis mieux dédier qu'à vous même Caroline, l'histoire dont vous êtes la brillante héroïne et que votre main savante a tracée avec une plume trempée dans le foutre brûlant ; le public qui ne connaît encore que vos charmes, va donc être instruit de tous vos hauts faits ! Semblable à César qui sut conquérir le monde et écrire ses triomphes, vous avez su conquérir nos cœura et nos vits et peindre leurs dé-

faites. Tour à tour muse de l'histoire
et prêtresse des plaisirs , on ne saura
qui l'on doit plus louer en vous ou du
talent de Minerve ou du cul de Vénus,
vous allez , peut-être vous plaindre ,
de ce que sans vous consulter, je vous
lance tout à coup au plus haut degré
de gloire où une fille puisse prétendre ;
mais c'est la crainte même de cette
modestie qui m'a empêché de vous
prévenir, bien persuadé que des ver-
tus comme les vôtres aiment encore à
fuir la publicité, ainsi les efforts que
cette modestie vous aurait engagée à
faire près de moi , l'auraient peut-être
emportés sur l'utilité publique et l'in-
térêt de votre gloire : j'ai donc préféré
trahir votre modestie pour la débarrasser du soin de se défendre ; mais,
si c'est là une excuse passable pour
vous avoir livré à l'impression, en ai-

je une aussi solide à vous présenter
pour justifier l'espèce de larcin qui
m'a mis votre histoire entre les mains?
Je vais vous en laisser juge, ainsi que
le public. Peut-être que l'exposé naïf
de l'aventure qui me procura ce manuscrit me disculpera à ses yeux et
aux vôtres.

Depuis deux mortelles heures vous
le savez, j'attendais avec l plus vive
impatience, dans votr pétiteux boudoir le quart-d'heure de rendez-vous
après lequel vous me faisiez soupirer
depuis six mois, brûlant d'amour, et
impatient de plaisir, j'avais déjà baisé
mille fois les objets charmans qui or-
naient ce séjour heureux de ma félicité
future, d'instant en instant, la fidèle
et sémillante Minette venait distraire
mon impatience et me dire toujours,
pour excuse de votre retard, que mon-

sienr était encore au lever de madame;
mais qu'il ne tarderait pas à la laisser
libre. Après avoir enfin entendu dix foix
les petites consolations de Minette, avoir
parcouru les romans, les gravures, les
jolies polissonneries qui embellissent
ce lieu de volupté et qui ne faisaient
qu'électriser encore tous mes sens en
enflammant mes idées , je vais machinalement m'appuyer près de votre secrétaire , machinalement encore j'en
tire la tablette, elle cède et le secrétaire est ouvert. Une inscription me
frappe ; je lis : *Secrets de l'Amour*.
L'idée de voir si mes romances, si mes
lettres dictées par l'amour le plus em-
porté occupaient une place parmi ces
secrets, s'empare de mon esprit et ne
me laisse pas le temps de réfléchir.
Je cherche donc , mais un seul cahier
s'offre à mes recherches , il portait

pour titre : *Mon Histoire*. Je l'ouvris lorsqu'un bruit qui se fait entendre dans le salon, me porte à fermer le secrétaire ; le cahier me restait à la main. Comme je croyais ce bruit occasioné par l'approche de quelqu'un, la crainte d'être surpris me fait mettre le manuscrit dans ma poche, bien résolu de le remettre à sa place quand je le pourrais commodément, le bruit cessant, j'ouvre la porte, j'entre dans le salon, pour voir qui l'avait occasioné. Qu'aperçois-je, Minette sur le canapé aux prises avec un joli jeune homme, cette vue m'éclaire, je me crois la dupe de la soubrette et de la maîtresse : indigné, je m'élance pour sortir. Minette effrayée, se débarrasse de son Adonis et courant vers moi, me crie, monsieur rentrez, vous nous perdez... Ce n'est point par là...... vous allez à la chambre de madame !...... En effet, j'avais la tête troublée, et au lieu de prendre la porte de la salle pour sortir, je prends la porte de votre appartement ; mais c'était fait ; j'étais entré. Et quelle seconde scène s'offre à mes yeux, vous Caroline ! belle comme Vénus, nue comme l'Amour entre les bras d'un laquais !...... J'étais honteux pour vous-même, je l'avoue ; mais quelle fut ma surprise, ou plutôt ma fureur, lorsque, sans avoir l'air de m'apercevoir, sans autre tort que celui d'une maîtresse qui gronde, vous vous récriez contre Minette qui laisse pénétrer jusque chez vous un imprudent, un inconnu, un coquin, sans doute que vous allez faire jeter par les croisées !...... Outré d'une telle indignité, j'allais dans mon désespoir brûler la cervelle à ce vil butor à qui l'on

me sacrifiait, lorsque l'adroite et toujours prudente Minette, me tirant avec
force hors de votre chambre, me dit
froidement : étourdi que vous êtes, on
vous expliquera tout cela, rien n'est
encore perdu, si vous voulez...... Je la
repousse sans l'écouter, et je sors désespéré, bien résolu de me venger.
Retiré chez moi, j'en cherche inutilement les moyens, un projet détruisait l'autre ; je fus tout à coup distrait
par le souvenir que je tenais dans ma
poche, un manuscrit qui pourrait peutêtre me servir. Je l'ouvre avidement
et je lis l'histoire... qu'on verra ; après
l'avoir lue, on ne sera pas étonné que
tant de brillans exploits m'aient reconcilié avec une si grande héroïne. La
haine et l'amour de la vengeance ne
tiennent pas contre un grand cœur
qui doit être au-dessus des torts. Aussi

en lisant avant tout l'avis suivant, le
public verra bien que le sentiment qui
guide ma plume, fait plutôt l'éloge que
la satyre de mon héroïne, c'est-à-dire,
de vous, ô Caroline !

AVIS

AU PEUPLE FOUTEUR.

Je vous présente l'histoire d'une
grande fouteuse écrite par elle-même,
c'est-à-dire, une femme célèbre qui
fera époque dans nos annales, et que
cela ne vous étonne pas ; l'amour de
la fouterie à toujours été le sceau qui
a distingué les héroïnes. En effet, dans
tous les siècles et chez toutes les na-
tions, ces femmes étaient des fouteuses, qu'on consulte les annales des
empires, qu'on parcoure l'histoire des
républiques, qu'on compulse le livre
des sciences et des arts, partout on

trouve que ce sont des fouteuses qui ont remué les empires, soutenu les républiques, agrandi le domaine des arts. Messaline foutait avec les gendarmes de l'empereur son mari, et gouvernait l'empire. Esther, livra son cul à Assuérus et fit une révolution. Thebé, femme d'Alexandre, tyran d'Éphores, foutit avec ses trois frères pour obtenir d'eux la mort du tyran.. La fameuse pucelle foutit avec Dunois et reconquit la France. Élisabeth foutit avec ses gens. Catherine, avec ses généraux. Thérèse, avec ses capitaines; sa fille avec des abbés et des commis, et toutes ces fouteuses comme on sait ébranlèrent le monde; dans les états libres quel bien ne firent pas les fouteuses? Elles étaient les meilleures citoyennes.

Laufella, dame romaine, qui comp-

tait la chasteté pour une vertu de
dupe et se conduisait en conséquence,
était une excellente patriote. Léonide,
citoyenne de Lacédémone, jurait par
Castor et Pollux qu'elle aimait à foutre,
parce que cela faisait des enfans pour
la patrie. Dématrion, de même, célèbre lacédémonienne, disait en ap-
prenant la mort de son fils à l'armée ;
mon fils est mort soit ; mais le vit de
notre voisin ne l'est pas. Lœna, athé-
nienne, qui foutait avec les portefaix
du port, se coupa la langue avec ses
dents pour ne point trahir les patrio-
tes, Harmodius et Aristogiton. Aspasie
qui foutait avec toute la jeunesse de
Milet, de Micène et d'Athènes, gouvernait le grand Périclès de la Grèce.

Épicaris, romaine, s'étrangla avec
sa ceinture pour ne point trahir les
conjurés contre Néron, et elle avait

foutu avec Néron et les conjurés. Les femmes Gauloises qui formaient un sénat qui délibérait de la paix et de la guerre pour le maintien de la liberté, étaient des fouteuses publiques ; mais elles n'aimaient pas les prêtres, et c'est pour ne pas avoir voulu foutre avec les Druides, que ceux-ci firent détruire leur tribunal.

Parmi les célèbres, on peut citer la fameuse Daphné, prêtresse grecque, dont Homère a emprunté les plus grandes beautés de son Iliade et de son Odyssée. Daphné foutait sur les places publiques avec ceux qui trouvaient ses vers jolis. Astianassa, chambrière de la fouteuse Hélène, fit le livre *Devarüs concubitus modis*, d'après son expérience et celle de sa maîtresse. Éléphantine et Phinécis allèrent plus loin, et augmentèrent le livre ; ce qui suppose qu'elles foutirent plus encore que leurs modèles. Phryné et Laïs, vérifièrent les arts et foutaient avec les philosophes et les écoliers. Spilembergue, vénitienne, dont les tableaux étaient confondus avec ceux du Titien, son contemporain, foutait avec ses modèles et les broyeurs de couleurs. Je ne finirais pas si je voulais dérouler le tableau de toutes les fouteuses dont l'histoire nous a transmis les noms avec éclat. Pour une Marie Coronel, qui pour ne point succomber à une violente tentation d'être infidelle à son mari se fit mourir en s'enfonçant un tison ardent dans le con, combien on trouve de femmes qui s'y passent autre chose sans en avoir la tentation, et qui sont fort applaudies par leur siècle et par la postérité. L'héroïne célèbre dont vous allez lire les hauts faits, mérite, sans doute d'occuper une place parmi les femmes que je viens de citer, parce que toutes les femmes sont ses modèles, et il est bien à présumer qu'après avoir fait de si grands progrès et tant de choses si différentes pour augmenter ses propres connaissances, elle consacrera enfin à l'instruction publique et au bonheur commun le reste d'une vie, pendant laquelle elle peut acquérir une gloire plus universelle et voler à l'immortalité.

APPROBATION.

L'AUTEUR A L'ÉDITEUR.

J'ai lu votre Dédicace et votre avis au peuple fouteur; je n'ai rien à vous dire sur l'avis; mais pour répondre à la Dédicace, je vous dirai que votre conscience soit tranquille, ma modestie vous pardonne l'impression, ma bonté oublie le larcin. Et quant à votre colère contre ce prétendu laquais, je vous en punirais, si ce que je vais vous dire ne me vengeait pas assez. Sachez donc que cet amant favorisé, ce prétendu butor que vous ne voyez qu'à travers votre passion ; est le beau St.-Far, et que votre joli jeune homme était son laquais, qui batifolait avec Minette. Pourquoi ce déguisement, direz-vous ? C'est un petit jeu d'amour que je veux bien vous expliquer : mon mari est un imbécile, un homme à préjugés, qui s'est avisé d'être jaloux de St.-Far, et de me le défendre. St.-Far a pris le parti du déguisement, vous voyez que ce n'est point une précaution inutile, puisque cela nous réussit. Si donc vous aviez moins écouté votre mauvaise tête, on se serait expliqué avec vous, on vous eut dit que St.-Far devant partir pour un assez long voyage, avait pénétré chez moi à l'instant où j'allais passer en mon boudoir ; mes liaisons avec Saint-Far, que vous connaissiez, puisque

vous avez mon histoire, ne me per-
mettaient pas de le renvoyer. St.-Far
est-il un amant qui ne doive pas passer
au-dessus des considérations ordi-
naires? Mais non, Monsieur est un de
ces merveilleux du jour, qui veulent
que quand une femme trahit son mari,
ce soit exclusivement pour eux. Eh !
quel mérite, jeune présomptueux,
aviez-vous encore à mes yeux pour
vous sacrifier et mon amant et mon
mari? Est-ce ma faute à moi, si quand
une femme veut vous favoriser et vous
promet un rendez-vous, vous n'avez
pas même le courage de lui faire le sa-
crifice de votre impatience, ni assez de
confiance en son amour pour ne point
vouloir pénétrer ses mystères? Son-
gez de quel plaisir vous vous êtes privé
par votre étourderie : St.-Far allait
partir, et, pendant deux grands mois,

vous eussiez pu remplir la place vide qu'il laissait dans mon cœur. D'après cette aventure, n'oubliez jamais, si vous voulez avoir quelques femmes, que quand même vous la verriez dans les bras d'un autre ; si elle vous le nie, vous devez l'en croire sans réplique, parce que vous devez plutôt croire votre maîtresse que vous-même. Adieu, petit sot ; faites imprimer. Comme mon mari ne lit jamais que le Cours des Changes, cela m'est égal ; au contraire, cela m'amusera beaucoup, parce qu'on se foutera de vous, de ce que vous ne m'avez pas foutu.

CAROLINE

OU

MES FOUTERIES.

LIEU DE LA SCÈNE :

Galerie du Palais-Royal, du côté de la rue des Bons-Enfans. Les premiers jours du printemps. Il est six heures du soir.

Veux-tu monter, mon ami ? Pardieu, tu parais jolie ! mais est-tu bien complaisante ? — Écoute ; j'ai les tétons fermes, le cul blanc, le con divin : eh bien ! ma complaisance surpasse encore la fermeté de mes tétons,

la blancheur de mon cul et la beauté
de mon con. — C'est ce que nous allons voir : je te suis. — Viens par ici,
prends garde à la rampe..... Ce n'est
pas haut ; c'est au deuxième : nous y
voici.... donnes-moi la main.... Entre... Minette, de la lumière et des
sièges..... C'est bien ; je te sonnerai
quand j'aurai besoin de toi. — Elle est
ma foi charmante. — Allons, viens
t'asseoir sur le canapé... Oh !... petit
libertin.... ah !.... tu es trop pressé....
allons, mon ami, fais-moi ton petit
cadeau. — Ma belle, à ton tour, tu es
bien pressée ! Auparavant, consultons
ma bourse... ; allons, voilà un louis,
si tu me plais... Mais ma foi, plus je
te considère, plus je te trouve de ressemblance avec la plus adorable personne... que j'ai eue un jour bien singulièrement. — Et que m'importe ta

ressemblance ? — Mais, en vérité,
c'est elle! c'est toi! n'as-tu pas une
petite tache près du bijou ?.... Mais
oui , eh bien !... — Ah! grand dieu,
voyons... laisse... laisse donc voir...
Eh! oui, foutre, plus de doute....
Quoi! c'est toi... Caroline! c'est toi
que je vis à Arcis , près de Nancy!
c'est toi que j'enlevai du sein des
eaux , que je transplantai toute nue
sur une mousse épaisse et fleurie , et
à qui je ravis, moitié de gré, moitié
de force , le plus beau présent des
dieux , ton charmant pucelage. —
Quoi! tu es St.-Far ? oh! petit monstre! pardonne-moi de ne t'avoir pas
reconnu. Quoique je ne t'aie jamais
vu que deux fois ; la première où je te
rencontrai si singulièrement ; la seconde où te me le fis si bien ; je n'aurais pas dû t'oublier , car une femme

reconnait toujours l'amant à qui elle s'est donnée, fût-ce au milieu des ténèbres. — Mais, trop aimable coquine, quelles sont les aventures qui t'ont entraînées dans l'abîme où je te vois ? Comment se peut-il que je te trouve au Palais-Royal ? toi que j'ai cru digne d'habiter un palais ; mais un autre que celui-ci ? — Ma foi, mon ami, je te dirai cela cette nuit, car j'espère que tu me la donnes toute entiére ; quant à présent, contente-toi de recevoir mes excuses du ton infâme que j'ai pris en t'abordant ; mais, mon bon ami, les hommes sont si dépravés, si blâsés, si usés, qu'il n'y a plus que les cochonneries, tant en paroles qu'en effets, qui les attachent ou les attirent. Malheureuses, mille fois malheureuses les filles perdues qui sont contraintes, pour exister, de se livrer à de tels

excès de corruption ! Mais qu'il te suf-
fise de savoir pour le moment que je
suis encore digne d'être conquise par
toi ; que depuis plus d'un grand mois
je suis vierge ; .que depuis près de
quinze jours seulement que je suis au
Palais-Royal, aucun homme n'a souillé
mes nuits , et que l'état affreux de fille
publique , dont quinze jours ont suffi
pour m'apprendre l'affreuse turpitude
et l'horreur, m'est plus odieux que la
plus affreuse misère. Je me crois donc
au comble du bonheur de t'avoir ren-
contré , parce que je te crois galant
homme , et que j'espère en toi. Mais
c'est assez de moralité pour le moment ;
je m'abandonne à mon cher St.-Far :
livre toi sans crainte à mes embrasse-
mens , à tout ce qui t'inspirera le désir , ou un reste de ton ancien amour.

— Eh bien ! oui , Caroline , ne vois en

moi qu'un amant; je te crois sincère,
livrons-nous à la joie et au plaisir, et
que le diable emporte la crainte et les
remords!.... Allons, abandonne - toi
sans réserve, et laisse-moi dévorer tes
charmes, m'énivrer du plaisir de le
faire cent fois, si je le puis. — Ah!
que dieu Priape exauce tes vœux! Loin
de moi ce fichu importun! Quelle peau
charmante! Un cou d'ivoire!..... Je
brise ce lacet qui retient captifs deux
boutons de rose... quelle couleur vive
et fraîche! poil folet agité par le souffle de l'amour! quelle élasticité! quel
beau sein soulevé avec précipitation
par le désir enflammé! Oh! St.-Far,
comme tes mains me brûlent; elles se
promènent comme une flamme dévorante sur tout mon corps; elles m'em-
brâsent. Ote-moi ce vêtement incom-
mode.... Ah! fripon! tes mains s'éga-

Ah! fripon, tes mains t'égarent, tu soulèves mes jupons.

rent avec fureur ; tu soulèves mes jupons trop dociles... Plus lentement,
prolonges nos plaisirs. Je veux tout
voir, tout sentir, tout dévorer. Loin
de moi ce petit soulier qui tient caché
ce joli pied; loin de moi ce bas trop
heureux, qui serre et enveloppe une
jambe divine !... Quelle peau douce
et agréable, veloutée ! Quelles cuisses
fermes et brûlantes, colonnes mobiles
et actives du temple de la volupté.
Quelle ivresse ! oh ! plus de jupons,
plus de voiles, insolens gardiens du
sanctuaire des plus grands délices ! —
Comme tu m'arranges, Saint-Far....
laisse... finis... oh ! laisse au moins
ma chemise. — Non, de par Priape !
tu seras nue, nue comme la fille de
Jupiter dans les bras de Mars. — Eh
bien ! petit roué, mets-toi aussi dans
la posture de Mars et que rien n'y

manque. Vois, tout habillement est disparu. — En effet, c'est bien, voilà jusqu'aux traits du dieu ! mais, non, celui de Mars, je le parie, ne remplit pas mieux la main de la déesse, que le tien ne remplit la mienne..... Le voilà bien fier et menaçant, ce trait vainqueur, qui me fit au bord de l'onde une si profonde blessure... blessure charmante... mal divin.... — Allons donc, lève cette chemise ; le combat commence... je serai digne d'un tel rival.... — Dieu, comme tu pousses..... C'est une fureur.... Ah ! St.-Far, ménage ta Caroline !... quelle ivresse !.... quelle douleur !.... quelle volupté !.... — Serre-moi, Caroline, presse, agite-toi.... Ah ! quel plaisir !... je te dévore.... ta langue dans ma bouche.... darde avec vitesse... j'expire de volupté !... — Je meurs dans des torrens

de délices.... tu m'inonde d'un foutre
brûlant qui m'enflamme.... — Ah ! tu
réponds à mes coups.... je sens ton
foutre qui vient de se mêler avec le
mien , serre-moi dans cette ivresse !...
— Avance !... — J'enfonce !... — Tu
vas m'atteindre le cœur ! — Je voudrais que tout mon être pût se placer
dans ton con. Ah ! que ne suis-je tout
foutre ! — Et moi, que ne suis-je tout
vit ! — Ah ! pour que je respire enfin ,
retire-toi, St.-Far. — Non , je veux y
mourir. — Songes que nous avons la
nuit à nous, car tu me la donne, n'est-
ce pas ? — Comment ; c'est moi qui
t'en conjure. — C'est entendu : sonne
Minette...

Minette , de l'eau tiède et du linge.
— Oui madame ; je reviens à l'instant.
— Vois, St.-Far, comme tu m'as....
tu m'as.... sais-tu bien que tu vaux

encore un pucelage. — Ah! ah! ah!
— Eh! de quoi ris-tu? — C'est que je
me rappelle que tu me disais, il y a
un instant, avoir eu mon pucelage
lors de notre première aventure, et
qu'il n'en était rien. — Il est bien singulier que les hommes croyent savoir
quelque chose là-dessus; mais le plus
fin y est toujours pris; tu l'as été, mon
ami. Comme tu le sauras quand je te
raconterai mon histoire.... Mais, Minette est bien long-temps.... Ah! la
voilà.... Tiens, St.-Far, passe dans ce
cabinet, éclaire Minette.... Que je suis
heureuse de ma rencontre du jour!...
Eh bien! Minette, que dis-tu de mon
amant?...... Il est adorable, n'est-ce
pas? Allons, donnes-moi mon négligé
avec lequel tu dis que je suis à croquer..... bien..... St.-Far, soupe et
couche ici; mais en attendant le sou-

per, tu vas nous donner une légère collation. — Oui, madame, je sors et reviens à l'instant. — Ah! St.-Far, rentre. — Comment, déjà r'habillée; quelle galanterie! quels charmes tu me présentes.... Oh! vrai, sans ta sévère défense, je serais encore bien téméraire; je me vengerais..... Quoi, Minette apporte du malaga, des biscuits, du sucre; c'est divin!... Oh! c'en est fait, Minette; je m'installe dans ce nouveau paradis terrestre. — Ah! ça, St.-Far, je t'ai promis le récit de mes aventures; mais avant, je veux savoir ce que tu viens faire à Paris, et par quel événement nous avons pu nous rencontrer, toi que j'ai cru dans l'autre monde. Caroline, mon histoire ne sera pas longue, parce que je ne dirai que ce qui peut avoir quelque rapport entre nous.

J'avais eu , dès les premiers temps de la révolution , le sot orgueil de l'émigration. J'étais à Coblentz , lorsque le délai pour rentrer en France , sous peine d'être traité comme criminel d'État , me parvint , je quitte mes sots compagnons ; je prends la poste , et , voulant me rendre à Paris , je passe par Strasbourg , Metz , et ma voiture se brise à quelques lieues de Jouy. Mon accident attire près de moi beaucoup de monde , et parmi la foule se trouve un jeune officier de mes anciens amis , qui était venu de la ville voisine passer quelques jours à la campagne. Il me pria d'accepter un lit chez lui , jusqu'à ce que ma voiture fut raccommodée. J'acceptai : il me conduisit souper au château. Nous passâmes la soirée la plus délicieuse , et la nuit était déjà fort avancée lorsque nous sortîmes. Il faisait un clair de lune superbe ; nous étions entre deux vins ; mon ami me dit : si tu veux, Saint-Far, nous achèverons la nuit comme nous l'avons commencée. Je connais deux femmes charmantes au village voisin, il n'y a pas une demi-heure de chemin en traversant la rivière ; le bac est derrière ma maison, et le conducteur complaisant ne se refusera point de se lever pour nous passer. Le projet me paraît divin. Le batelier nous passe, et bientôt nous sommes dans la prairie qui touche au village, lorsque des cris étouffés, des plaintes réitérées se font entendre.

Nous volons au bruit en criant : nous arrivons. Nous apercevons, à la clarté de la lune, deux personnes qui fuyaient, et nous voyons étendue, presque sans connaissance, une fille

charmante ; c'était toi. Quelle impres-
sion divine tu fis alors sur mes sens.... tes charmes à moitié voilés, et que la blanche clarté de la lune embellissait encore, ton désordre, ta langueur, tout intéressait mon cœur pour toi. Nous te conjurâmes de nous dire si tu voulais être vengée, et quels étaient tes ennemis. — Ah ! je lui pardonne, nous dis-tu avec douceur ; c'est un amant malheureux qui se dit indigné du mépris dont j'ai payé son amour, et qui, presque dans les bras de ma mère, au milieu de la nuit, vient de m'enlever, et voulait me contraindre à le suivre. Sa chaise de poste était à l'entrée du village : il allait, aidé de son domestique, me forcer à y mon-ter, lorsque je m'élançai dans cette plaine, résolue de me jeter à l'eau plutôt que de céder à ce cruel adora-

teur ; un faux pas m'avait renversée ,
ils me saisissaient enfin lorsque vous
êtes accourus , et que vous êtes venus
me sauver l'honneur et la vie. Emus
par ce récit, nous te demandâmes la
permission de te reconduire à ta maison , tu nous en prias même, et arrivée
chez toi ; sans rien nous dire , sinon
que tu te nommais Caroline, sans nous
accorder la permission de te venir sa-
luer le lendemain , tu nous donnas à
chacun un baiser et tu disparus..... Ce
baiser... Mais pourquoi ces rires étouffés pendant mon récit ? — Ah ! ah ! je
te dirai tout cela dans mon histoire,
et tu riras comme moi. Allons , continue : — Ce baiser donc...... Eh bien !
ce baiser me rendit le plus amoureux
de tous les hommes, et je dis à mon
ami que je t'aurais , dût-il m'en coûter
la vie, où je brûlerais la cervelle à mon

rival. La partie projetée n'ayant pas eu lieu d'après cette aventure, nous retournâmes à Jouy. Le lendemain, je revins au bourg qui possédait tout ce que j'adorais ; mais ce bourg était si grand, et je ne pus m'assurer de la maison qui renfermait l'objet de mon amour, mes perquisitions furent inutiles. Le soir, me promenant tristement sur le bord de la rivière, je m'enfonce dans les saules, où un bras de cette rivière se roulait lentement en faisant différentes sinuosités ; au centre, l'eau formait un bassin, dont les bords ombragés et couverts d'un épais herbage, semblaient servir de retraite aux Naïades. Je n'eus pas fait quelques pas dans ce séjour enchanté, que je vis deux femmes simplement couvertes de leurs chemises, qui, dans un léger batelet, se promenaient sur la rivière,

dont les eaux les plus tranquilles n'é-
taient agitées que par le doux souffle
des Zéphirs. Quelle fut ma surprise et
ma joie quand je vis que l'une de ces
femmes était mon adorable inconnue !
Je voulus me jeter au sein des eaux !
j'hésite...... je crains.....; mais bientôt
ma passion, ma fureur, l'emportent,
je quitte mes vêtemens, je me précipite nu : et, plongeant jusqu'à toi, je
renverse la nacelle, et vous jette toutes deux au milieu de la rivière. Ensuite, sans m'embarrasser de ce que
deviendrait ton importune compagne,
je te saisis et t'emporte sur le rivage,
sous des saules qui se courbent en façon d'arc. La frayeur t'avait fait perdre l'usage de tes sens ; je t'enlève ta
chemise et te couvris de mes baisers
brûlans ; je dévorais de mes mains, de
mes yeux tous les charmes. C'est alors

que je vis cette tache rose qui vient de
te faire reconnaître ; et ma passion
l'emportant enfin sur toute considé-
ration , je te violai du mieux possible.
Tu jetas un cri à mon premier triomphe , et j'eus beaucoup de peine à
l'obtenir ; ce qui me fit penser que je
conquérais un pucelage. Tu ne sem-
blais pas revenir de ton évanouisse-
ment , lorsqu'au second assaut tu ouvris languissamment les yeux, et tu
me dis en soupirant,........ monstre.....
qui es-tu?...... quelle est...... ton......
audace? Ne vois, te dis-je alors, qu'un
amant qui t'adore! C'est moi , c'est
St.-Far , qui t'a sauvé de la violence
d'un ravisseur que tu détestes. Il me
sembla voir un instant le sourire errer
sur tes lèvres , tu ne m'as donc sauvé
l'honneur, repris-tu doucement, que
pour mieux assouvir ta fureur ! tu pro-

Je vis paraître la tête d'un jeune homme

fites de ma faiblesse.... je ne puis plus
parler..... j'expire..... Pendant ce dia-
logue, je fournissais une seconde car-
rière ; tu parus enfin partager mes
plaisirs. Alors, je te proposai de partir, t'offrant ma fortune, qui était im-
mense à Marseille. Pendant ce temps,
je te poussais toujours ; et, pour la
sixième fois, l'amour rallumait mon
flambeau, lorsqu'à travers les feuil-
lages qui nous couvraient de leurs toits
protecteurs, je vis paraître la tête d'un
jeune homme. Cette tête fut pour moi la
tête de Méduse ; j'eusse voulu le changer non en cerf, mais en crapaud, pour
écraser à l'instant ce maudit Actéon,
qui souriait malignement en dévorant
tes charmes nus. Je te couvre tout-à-
coup de mon manteau, et je crie en
même temps au curieux indiscret : im-

pudent, à quinze pas d'ici, où tu es
mort.

Au lieu de s'éloigner, il s'élance vers
moi, et me dit en me serrant forte-
ment la main : « Ainsi, il est inutile
» de t'habiller, je vais me mettre nu
» comme toi, j'ai une excellente paire
» de pistolets et celui qui tuera l'autre,
» possédera la belle sur laquelle au sur-
» plus, j'ai des droits aussi sacrés que
» les tiens. » Je ne savais trop que répondre à cette singulière apostrophe.
Pendant que j'hésitais, il jetait ses vêtemens et bientôt nu, il me présenta
d'une main une paire de pistolets, en
tenant de l'autre un priape ferme et
vigoureux qui semblait me menacer
de sa tête altière. Accepte, me dit-il,
ou je tire, furieux enfin d'une audace
si outrageante je prends un pistolet :

le sort veut qu'il tire le premier : il me manque, je riposte et quoiqu'animé par la rage, j'ajuste bien et le priape insolent d'un ennemi encore plus insolent, reçoit la balle meurtrière. Je le vois soudain baisser, tomber et entraîner dans sa chute le malheureux devenu eunuque, qui ne prononce en mourant que le mot f....., cet incident réveille tout à coup en moi, l'idée du danger où je me trouve, et je crus qu'il était prudent de fuir. Comment, me disais-je, noyer une fille, violer une vierge, tuer un homme ! Il n'y a pas à balancer, fuyons, je veux cependant te dire adieu, et voir ta résolution dans ce moment extrême. Je retrouve bien le lieu de nos plaisirs, mon manteau, mais Caroline est disparue. Cette disparution subite vient augmenter mon trouble ; je crois voir

la justice à mes trousses ; sans prendre le temps de m'habiller , je me saisis de mon manteau, je passe la rivière
à la nage , et je me rends chez mon
ami à qui en trois mots, je conte mon
aventure, nous montâmes sur le champ
à cheval à poil. Moi toujours sans autre habillement que mon manteau, me
voilà les cuisses nues sur le dos du
cheval , gagnant ventre à terre la ville
voisine. Là, je me déguise et prenant la
poste , je me rends enfin sans accident
chez mon père. J'ai mille fois pensé depuis à cette aventure extraordinaire ; je
n'ai encore pu parvenir a en savoir les
suites , n'ayant reçu depuis ce temps
aucunes nouvelles de mon ami.

Je suis enfin enchanté d'en retrou-
ver l'aimable héroïne. Il est inutile
de te dire ce que j'ai fait depuis cette

époque, j'ajouterai seulement que depuis huit jours je suis à Paris pour recueillir des fonds de quelques lettres de changes tirées sur un fournisseur, ancien banqueroutier de Marseille ; maintenant riche créancier de la république dont il a déjà les meubles, les maisons et les bois. — Ma foi, mon cher Saint-Far, ton histoire m'a beaucoup amusée ; mais je crois que tu la trouveras beaucoup plus plaisante, quand je t'aurai dit certaines épisodes, qui au surplus ne la changent pas dans le fait ; mais la défigurent un peu dans sa cause et sa suite ; mais remettons mon récit jusqu'après souper.

Minette, tu vas nous servir. — Comment Caroline, c'est un luxe !.... Quel est donc le cuisinier qui ?.... — Ma foi, c'est Robert. — Sir Robert est un charmant homme : voilà des pigeonnaux

exquis. — Goûte de ce plat de crêtes.
— C'est parfait ; je n'en dis pas autant
de son vin.— En général mon ami, on
est assez mal servi en vin chez les res-
taurateurs du Palais-Royal ; ils ont
bien autant qu'ils ont pu acheté les
caves des émigrés ; mais les comités
révolutionnaires les avaient visitées
avant eux. Et tu sais comme ils les vi-
sitaient. — Ah ! oui, en les visitant ils
emportaient la pièce, ma foi il faut
l'avouer, il y avait si long-temps que
les pauvres diables ne faisaient que
rincer les bouteilles, qu'il était bien
juste enfin, qu'ils vissent ce qu'on met-
tait dedans.—Allons toi, vois ce qu'il
y a dans ce pâté. — Des rognons, des
écrevisses, des truffes. Est-ce là de
l'invention de Robert ?....... Non, c'est
Minette qui a inventé ce galimathias ;
aussi aï-je donné à cette belle inven-

tion le nom de pâté Minette. — Allons
buvons donc à la santé de l'auteur.....
Sais-tu bien qu'après un tel restau-
rant, tu dois trembler pour cette nuit,
si par ton histoire tu n'as pas l'art
d'arrêter ma flamme à laquelle tu four-
nis de si bons alimens. — Écoute, faisons des arrangemens, tu ne me le
feras qu'au récit de la première faveur
accordée à chaque nouvelle conquête
que j'ai faite, et jamais pendant les
épisodes. — Caroline, je puis t'assurer
d'en avoir la volonté; mais.... diable
par ce que tu me dis, tu me fais soup-
çonner que je pourrai bien être vaincu
dans ces arrangemens. — Mais il me
semble mon ami, que je suis de moitié dans le combat. Tu te laisseras donc
vaincre par ton amante! En vérité je
te crois plus de courage, surtout après
avoir dévoré deux pigeonneaux, un

plat de crêtes, un pâté de rognons, et sablé deux bouteilles de bordeaux. — Ah! petite coquine, tu persifles, je crois, j'accepte et le vaincu s'abandonnera à la discrétion du vainqueur. — Allons Minette, enlève les attributs de Bacchus et embellis l'autel de Vénus. — Mais qui sonne! va voir Minette. — Madame, c'est un billet. — A moi? — Voyez. — Voyons donc :

A la belle Caroline.

« Fille charmante, je vous ai vue
» hier dans une loge du théâtre de la
» Montansier; j'étais en face de vous,
» près de la St.-Hilaire. Je lui ai de-
» mandé votre adresse, que la jalousie
» lui avait d'abord fait refuser, disant
» que vous étiez une nouvelle débar-
» quée et qu'elle ne vous connaissait

» pas ; mais je sais que cette fille à la
» liste exacte des nouveautés du Palais-
» Royal, et deux écus lui ont fait en-
» tendre raison. Le bien qu'elle m'a dit
» de vous, en croyant m'en dire du mal,
» m'a fait désirer d'être votre amant,
» si un louis par jour pour vous voir un
» quart-d'heure, peut vous plaire,» je
» me trouverrai demain à votre lever,
» où nous cimenterons cet accord.

» Tout à vous. »

Sans signature, qui peut s'aviser de m'écrire ainsi! Minette qui a apporté cette lettre? — Un grand nigaud. — Fais-le entrer. Quel est ton maître? Un jeune homme riche, libéral. — Et son nom. — Il m'a défendu de vous le nommer, disant qu'il veut vous le dire lui-même. — Il veut donc une réponse. — Il m'a ordonné d'insister pour en avoir une. — Eh bien ! je vais te la donner pour madame. Allons maraud, les culottes bas, les culottes bas, te dis-je, ou je te brûle la cervelle. —Oh ! mon Dieu, mon Dieu, que m'allez-vous faire, monsieur ? — Minette, le ballet, ne bronche pas malheureux, ou tu es mort. — Ohi ! ohi ! ohi ! — Allons, Minette frappe à tour de bras, sur le cul de ce gros coquin.—Ohi ! ohi ! ohi ! — Ferme, Minette, très-bien.—Ahi ! ahi ! ahi ! — Ah ! ah ! ah ! ah ! — Mon ami, j'étouffe de rire, c'est assez, laisse ce pauvre diable. On t'apprendra maraud à te charger d'une commission auprès d'une femme honnête ! Ah ! ah ! ah ! Va-t'en dire à ton maître que tu as fait l'expérience, que s'il veut se présenter pour en recevoir autant, on ne lui volera pas son argent ; dis-lui au surplus que la St.-Hilaire lui four-

nira des f...... qui ne lui demanderont
pas un louis pour les verges.... Minette, mets ce maraud à la porte. —
C'est bien Caroline, oublions ce petit
passe-temps, et songeons à nos plaisirs.
— Minette, allons, vingt bougies dans
le salon ; sur le parquet, mon charmant tapis, mon matelas fin, une paire
de draps de mousseline, mon couvre-
pied d'édredon, et six coussins. —Ah!
quelle attention, Caroline. —Tu n'ou-
blieras pas deux douzaines de biscuits,
deux douzaines de macarons, et la
bouteille de rota. —Tu es une divi-
nité !—Eh bien ! fais en sorte d'être
un dieu. —O mon amie ! quelle nuit
charmante tu me présages ! Je le vois,
je dois mourir de plaisir !... Madame,
le salon est préparé. —Vas Minette,
laisse libre le sacrificateur et la victime.... Entrons, St.-Far. — Mais que

vois-je écrit en lettres de feu. « Ce tem-
» ple n'est ouvert qu'aux enfans de la
» nature, loin d'elle toute parure et tout
» voile imposteur. » — J'obéis, allons,
laissons nos habits à l'entrée du temple.
— C'est fait. — Entrons. Des parfums,
quelle douce odeur! quels charmes!
quelle volupté! tu m'enivres.... Viens
sur l'autel sacrifier au dieu. — Un instant St.-Far. Tu sais nos conventions,
songe seulement à les remplir; mais
pour favoriser ton impatience je vais
hâter mon récit. Asseyons-nous sur le
duvet, j'espère que tu me tiendras
compte de ma franchise; elle sera
parfaite. Je t'écoute. — Je commence :
Un simple village, Saint-Genty, à
quelques lieues de Lyon m'a vu naître.
Orpheline en bas âge, je m'occupais
sous la surveillance d'un de mes on-
cles des travaux du jardinage, lors-

qu'une dame nommée Durancy que j'avais vue quelquefois dans notre village, parut jalouse de m'emmener avec elle. Mon oncle fort aise d'avoir trouvé l'occasion de se débarrasser de moi, qui était disait-il trop paresseuse pour son état, y consentit et je la suivis avec joie.

Il était nuit quand nous arrivâmes à Lyon ; nous descendîmes chez madame Durancy.... On me fait monter dans une chambre superbement ornée, en me disant que c'était là mon appartement : on me sert à souper un instant après ; j'étais seule et je m'en acquittai fort bien. Après mon repas, j'examinai attentivement mon nouveau logis, j'en fus enchantée... Pendant près de six mois, aucun événement, qu'une vie très-simple et très-monotone. Je ne sortis pas une seule fois pendant ce temps ; à la vérité , j'avais mes journées remplies , et il me restait peu de momens pour la promenade , au surplus , je pouvais passer mon ennui dans un jardin superbe (qui m'était permis deux heures par jour) ; mais comme c'était l'hiver, je n'en profitai guère. Pendant ces premiers mois , j'étais occupée avec mes maîtresses de lecture , d'écriture , de danse , de forté-piano , et ce qu'elles me laissaient de libre , je le passais à lire dans des comédies, des romans. Je mangeais ordinairement seule, quelquefois cependant je dînais avec madame Durancy , qui me traitait assez froidement , et j'avais peine à concilier tout ce qu'elle faisait pour moi, avec son air de réserve et l'inutilité dont je lui étais , car j'avais d'abord présumé qu'elle m'avait prise pour sa femme

de chambre; mais l'éducation qu'elle
me donnait n'entrait pas dans l'éducation ordinaire de ces sortes de gens.
La seule chose dont j'étais privée, à
laquelle je ne songeais pas d'abord,
mais dont le temps, l'âge et un ins-
tinct de la nature, qui ne perd pas ses
droits, me donnèrent un vif désir, c'é-
tait la vue des hommes. Je savais cependant qu'il en venait dans cette
maison, mais je n'avais pu trouver
l'occasion de les voir. Quelquefois,
près de la cloison qui donnait à côté
de mon lit, j'entendais parler, sans
pouvoir distinguer ce qui se disait;
mais le son d'une voix m'assurait que
c'était une voix d'homme, et me faisait palpiter le cœur sans en savoir la
cause; mais voilà tout ce que je pus
découvrir avant les six mois expirés.
A cette époque, mon visage, mes bras,

mes mains avaient acquis de la blancheur, mes yeux de l'expression ; ma
taille était formée ; je dansais bien,
je touchais assez juste ; je chantais à
ravir. Tels étaient les complimens de
mes maîtresses, lorsque j'atteignis,
avec le printemps, ma seizième année
et les preuves tardives de ma matu-
rité.

Je fus indisposée pendant quelques
jours ; on fut alors près de moi aux
petits soins, et ma santé reprit son
éclat. Il me semblait qu'il s'était fait
un changement dans tout mon être ;
je devins triste, rêveuse, sans savoir
pourquoi. Madame Durancy, dînant
avec moi, m'en demanda la cause,
qu'elle savait bien ; mais, moi, ne
pouvant la lui expliquer parce que je
l'ignorais. Elle me renvoya dans ma
chambre en me traitant de maussade.

Lorsqu'un jeune homme entre tout-à-coup.

Je murmure : bientôt elle est sur mes pas, armée d'une verge légère ; elle me regarde avec une colère feinte, que je crois réelle. Elle me jette sur mon lit, me lève les jupons, me fait une longue remontrance, à laquelle le trouble où je suis m'empêche de rien comprendre ; elle m'appliqua maladroitement sur les fesses quelques coups, que je veux éviter en me retournant et en lui présentant le ventre, que je couvre de mes deux mains. Elle semble y jeter un regard curieux en feignant de vouloir me retourner pour me frapper encore, lorsqu'un jeune homme entre tout-à-coup et voit ma situation et ma honte. Furieuse de l'affront que j'éprouve à la vue du premier homme qui se présente à moi depuis six mois, je fis, pour me débarrasser des mains de madame Durancy, un effort si violent, que je faillis perdre les sens. Mais ce jeune homme se jette aux pieds de madame Durancy, qu'il appelle sa mère; il la conjure de me pardonner, quelque soit ma faute. Il mit dans sa prière tant de grâces, de candeur, que j'en fus touchée aux larmes. Madame Durancy, après une résistance simulée, voulut bien me laisser libre et sortit en appelant son fils, qui me serre la main, me jette un regard passionné et me donne un baiser.

Cette scène singulière m'aurais jetée dans le désespoir, si l'idée quelle m'avait procuré le bonheur de voir un jeune homme; si l'amabilité qu'il avait déployée en intercédant pour moi, si le baiser qu'il m'avait donné, n'eussent effacé de mon esprit tout ce que la colère de madame Durancy avait eu

d'humiliant pour moi, pour n'y laisser
que la pensée de mon aimable protec-
teur. Toute la nuit, je ne rêvai qu'à
lui; j'avais la tête échauffée par des
lectures amoureuses, un tempéra-
ment de feu. Je n'avais encore vu aucun jeune homme que ce fils de madame Durancy, juge si je devais alors
l'aimer.... Je l'adorais donc.... Le lendemain matin, on m'apporta de très-
beau linge; je venais à peine de m'en
vêtir, que madame Durancy entre.
Caroline, me dit - elle (c'est le nom
qu'elle m'avait donné en entrant chez
elle), je viens t'indemniser du châtiment injuste que je t'ai fait éprouver
hier; mon fils m'a fait voir que ma
mauvaise humeur m'a emportée trop
loin, et je veux te faire tout oublier.
Madame Durancy était suivie d'une
autre dame, d'une taille élevée, et

dont la figure m'était cachée par un
voile de taffetas : elle me dit que c'é-
tait une couturière qui venait pour me
prendre mesure de nouveaux ajuste-
mens que l'on me destinait. Bientôt
elle me mit nue, à l'exception de la
chemise ; mais avant de procéder à la
mesure, elle fit entendre à madame Durancy qu'il était nécessaire de m'ini-
tier avant tout au premier mystère de
la toilette des dames, que mon âge me
rendait cette précaution nécessaire.
Ce fut la couturière elle-même qui fut
chargée de m'en donner la première
leçon. Madame Durancy avait alors
un meuble dont l'usage m'avait été
jusqu'alors inconnu ; elle en ôte le
couvercle, un bassin de porcelaine,
oblong et rapproché un peu par le milieu remplissait la concavité : on y
verse de l'eau tiède. Je m'assieds des-

sus, une jambe de ça, une jambe de
là ; je n'osais relever ma chemise, il
le fallut cependant, crainte qu'elle ne
s'imbibât d'eau. Cette pudeur, si na-
turelle aux jeunes filles qui l'ont encore
et qui est la vraie coquetterie de la nature, me donnait une gaucherie et un
air de naïveté capable d'enflammer le
plus froid des mortels ; car, si je la
retroussais d'un côté, elle retombait
de l'autre, de manière que l'on entre-
voyait subitement mes appas, qui se
trouvaient presque aussitôt voilés ;
alors la couturière me fit lever et fixa
fort haut cette chemise avec des épingles, et par là, tout le bas de mon
corps, depuis la ceinture, fut à découvert. Je m'assieds, et cette pré-
tendue dame officieuse se mit aussitôt
à arroser les environs de ce petit ré-
duit que l'amour offre à ses favoris, et

que nous nommons con , insensible-
ment elle glissa son doigt sur un endroit où je sentis soudain une émotion
si délicieuse , causée par un léger frottement , que je me pâmai en me lais-
sant aller dans ses bras. Ici , elle s'arrête , me fait lever après avoir ôté ses
épingles , et se dispose à m'habiller :
elle commence par m'essayer un cor-
set ; elle s'amuse long-temps à ajuster
le tour de ma gorge , ma chemise était
ou trop haute ou trop basse , alors on
me la relevait par en bas , mais si haut
que la moitié de mes charmes était à
découvert. Ses deux mains folâtraient
librement sur toutes les parties de
mon corps , ou quelque dérangement
paraissait exiger ses soins. Ces dames
me laissèrent enfin , après m'avoir dit
de m'habiller. Quand elles me quittè-
rent , tous ces mouvemens , ces situa-

tions m'avait mise en feu. J'éprou-
vai un trouble inconnu ; je dirigeai
mes pas vers mon lit et m'y renverse
lentement et avec délices ; je relève ma
chemise le plus haut possible, je porte
en tremblant mon doigt dans le lieu où
un doux frottement m'avait causé tant
de plaisir : la nature enfin fut mon
premier maître. je ne pourrais te peindre que difficilement, mon cher Saint-
Far, les charmes que je goûtais. Fi-
gures-toi, pour en avoir une petite
idée, une jeune fille de seize ans,
jolie à croquer, neuve encore, dans
la situation où je me trouvais alors,
voir ses belles cuisses s'agiter en tout
sens, tantôt découvrir en entier la plus
belle des roses à cueillir ; tantôt, en
se retroussant, laisser entrevoir deux
fesses blanches comme deux lys, jolies et fermes, comme l'ivoire ; deux

cuisses, qui, dociles au mouvement circulaire de sa jolie croupe, effleuraient légèrement le lit qui les portait. Cependant l'approche du plaisir la rend immobile, elle augmente le mouvement de son doigt ; toute entière au sentiment délicieux qu'elle éprouve, sa respiration est comme suspendue, bientôt une chaleur humide l'innonde ; alors tout son corps bondit, et, dans la voluptueuse émotion qu'elle éprouve, elle laisse entrevoir successivement une chute de reins admirable, des hanches potelées qui terminent une taille de nymphe, un ventre satiné et uni comme une belle glace ; enfin un gazon épais environnant la porte ovale et ronde du temple, à qui la reine des grâces, à qui Vénus eût porté envie.

Telle était mon cher St.-Far ; telle

était la Caroline. — Avec tes peintures délicieuses dont je touche ici l'original, crois-tu que je puisse attendre encore ? Tu m'as mis tout en feu, vois, ceci fera bien autant de ravage que ton doigt, j'espère ; allons cède, je t'en conjure, ou je décharge. — Tu le veux soit ; mais songe que j'ai encore bien des faveurs à t'accorder. — Oui,.... oui,.... ah ! te voilà bien connue, tu viens de te peindre... ces cuisses fermes.... ces tétons admirables.... ce temple je le pénètre.... je suis.... au sanctuaire...... amour...... accepta cette libation..... j'expire.... de plaisir.

— Ah ! St.-Far, cela vaut encore mieux que le doigt, fut-ce même celui du milieu.... bois ce verre de rôta.... prends ce biscuit...... Je continue mon récit. Après tout ce qui venait de se passer, après ce que je venais de sentir, mes

idées étaient si confuses que me relevant et m'asseyant sur mon lit, je res-
tai immobile quelque temps, accablée
par une foule d'idées sans suite, sans
liaison qui me délectaient, pendant ce
temps le désordre de ma chemise laissait mes appas à découvert, l'air qui
circulait dans ma chambre et qui entrait par une croisée ouverte sur un jardin ou brillaient mille fleurs diverses,
faisait légèrement voltiger mon linge,
augmentait sa fraîcheur et me faisait
éprouver une sensation moins vive
que les précédentes, mais douce,
agréable, enivrante, je secondai les
efforts du zéphir en jetant un coup-
d'œil curieux sur le temple de la volupté, j'y vis une humidité considérable. Le premier mouvement fut de
la porter à l'organe de l'odorat, l'o-
deur en était singulière ; j'approchai

de ma langue, le goût en était fade.
Ignorant encore d'où pouvait provenir
cette liqueur qui n'était pas de l'urine,
je me levai et pour la faire disparaître,
je m'assis sur le bidet, dont la grande
couturière m'avait appris le nom et
l'usage ; l'eau me rendit plus calme et
je m'habillai enfin ; en me considérant
beaucoup, idée que je n'avais pas eue
jusqu'alors, je maniais mes fesses et
les regardais dans les glaces, je me
promenais les mains sur mes cuisses
et les arrêtais toujours près du temple
chéri. Je tâchais de baiser mes tétons,
je m'enivrais de plaisir, lorsque j'en-
tendis du bruit dans l'appartement
voisin. Mes oreilles furent même frap-
pées de cette espèce de sifflement qui
est causé par des baisers ardens ; un
son pareil aux soupirs résonnait autour de moi, je les comparais à ceux

que je venais d'éprouver, et ils me semblaient provenir de la même source. Ce bruit cessa et j'achevai de m'habiller.

Madame Durancy vint dans le jour m'avertir que je souperais avec elle. Son fils paraissait jaloux de voir si je conservais quelque ressentiment de la correction de sa mère... il espérait présider à une réconciliation parfaite... Je descendis; on se mit à table. Pour la première fois, madame Durancy se répandit en éloges; son fils me fit des complimens auxquels je fus très-sensible, j'y répondis avec timidité.... Je l'aimais.... j'étais timide.... c'est la règle. Je ne répondis pas si froidement à ses regards; il est vrai que les expressions de mon amour étaient encore animées par d'excellent vin, des mets succu-

lens, et une ablution d'excellente liqueur.

L'instant du repos arriva : Madame
Durancy m'en avertit en me préve-
nant qu'elle viendrait partager mon
lit, attendu qu'elle avait cédé le sien à
un de ses parens qui était arrivé le soir,
et qui, fatigué, était déjà couché. Je
me retire dans ma chambre; il me
tardait d'être dans mon lit, pour me
livrer aux douces pensées que le plaisir du jour me faisait naître; à peine
fus-je étendue dans mes draps que le
sommeil s'empara de moi. Un heureux
songe vint répéter les plaisirs que j'a-
vais goûté pendant le jour; mais qu'ils
étaient différens ! Je rêvais que le jeune
Durancy était à mes côtés, il ne me
laissait que le soin de goûter jusqu'aux
plus légères atteintes à la votupté que
sa main complaisante me procurait.

Dans le courant de la nuit une chaleur excessive et dévorante que je ressentis, me réveilla et je me rappelai que j'étais couchée avec sa mère ; mais je me trouvai dans un désordre extraordinaire ; ma chemise était relevée d'un côté jusqu'à la hauteur de l'épaule ; madame Durancy avait une main placée sur mon sein et l'autre se trouvait assez en avant entre mes deux cuisses ; cela me gênait, de plus une de mes fesses se trouvait singulièrement pressée par quelque chose de dur et qui avançait, je me retournai afin de connaître l'objet de ma surprise ; il était sous ma chemise ; j'essayai de la relever, mais il était tellement enveloppé que je craignais de la réveiller par mes efforts, cet obstacle ne pouvait se surmonter ; je tâtonnai à plusieurs reprises, et il me parut que cela était

long, rond et surtout très-dur, je réflé-
chis beaucoup sur ce que ce pouvait être,
je ne voyais aucune trace de pareille
affaire au bas de mon ventre. Comme
les romans que j'avais lus n'étaient
que des livres assez décens, je ne pus
rien conjecturer, je me perdis dans
mes réflexions et je me rendormis.
Le lendemain à mon réveil je me trouvai seule. Je descendis après m'être
habillée et mon premier mouvement
fut d'examiner si les jupons de madame Durancy n'étaient pas poussés en
avant par cette affaire que je n'avais
pu définir. Après le déjeûné nous partîmes pour la campagne, ce voyage
était nécessité pour une affaire d'inté-
rêt qui me regardait, sans que j'en
susse rien, je n'en parlerais pas, si je
n'y eusse eu une petite aventure qui
m'amusa beaucoup, je ne savais pas

encore la différence qu'il y avait entre un homme et une femme ; depuis les derniers événemens ; je désirais beaucoup connaître cette différence : tout l'extérieur de l'homme étant presque semblable à celui de la femme, aux tétons et à la barbe près, je me doutais que cette différence existait entre les cuisses ; je ne savais comment vérifier mes doutes ; un petit espiègle qui me fit une malice m'en fournit l'occasion ; j'étais seule dans le jardin, sous un feuillage épais, lorsque mon petit espiègle s'approcha de moi et sous le prétexte de le punir de m'avoir gaussé, je lui défis ses culottes et le fouettai, au lieu de se fâcher de ma colère apparente et de chercher à se débarrasser, le petit drôle qui avait huit ans environ me laisse faire, je lève sa chemise très-haut, et en frap-

pant légèrement, je vis son petit instrument. Sur le champ je fus instruite,
et voulus laisser le petit espiègle. Eh
bien ! ma belle maîtresse, me dit-il,
corrigez moi donc encore ; si ma faute
n'est pas assez grande, punissez moi
pour la première fois, je vous promets
de mériter mon châtiment. Je vis que
le petit méchant avait plus de malice
que moi ; mais j'étais satisfaite et je
le laisse aller ; pendant huit jours que
nous restâmes à la campagne, je ne
pensai qu'à cette différence de sexe et
j'étais dévorée de savoir à quoi elle
pouvait servir, lorsqu'un jour sur la
brune, derrière le feuillage où j'avais
corrigé le petit espiégle, je le vis les
culottes bas baissant la tête et exami-
nant avec attention les cuisses, les fesses, et la fente d'une petite fille d'environ neuf ans, qui lui disait : laisse

moi, laisse moi te faire ; j'ai vu hier sans être vue, ma grande sœur, qui était sous le grand poirier avec Nicolas ; elle était debout contre l'arbre, et lui prenant ce qu'il a entre les cuisses, elle l'enfonçait dans son trou, et ils avaient l'air d'être bien aises, car ils se baisaient et se rebaisaient toujours. Eh bien ! faisons donc comme eux, disait le petit, en approchant son court instrument entre les cuisses de la petite fille...... C'est comme ça...... Mais tu n'entres pas dans la fente.... Comme tu as chaud.... Comme tu me serres.... Oh ! mais tu pisses je crois, fi ! le vilain !...... Allons, retire-toi. En effet le petit pissait, il se retira tout honteux ; quand à moi cette jolie scène me mit toute en feu et me donna de quoi rêver.

Le fils de madame Durancy vint nous

Oh! mais tu pisses je crois, fi! le vilain

reprendre pour retourner à Lyon, il
me demanda comment j'avais trouvé
cette campagne ; la beauté du lieu,
les connaissances que j'y avais ac-
quises me la firent paraître charmante :
je répondis, què je l'avais trouvée
délicieuse. Il sourit et le lendemain
nous retournâmes à Lyon ; il était nuit
lorsque nous arrivâmes, on se mit à
table, on me fit mille caresses, et madame Durancy me prévint qu'elle cou-
cherait avec moi ; je résolus cette fois
de bien examiner et d'éclaircir mes
soupçons, je ne pouvais jamais me
donner l'explication de ce quelque chose de dur que j'avais senti entre les
cuisses : Est-ce un homme ? me disais-
je, mais cependant, elle a des tétons,
point de barbe, ce n'est donc point
un homme. Mais pourquoi ce quelque
chose entre les cuisses ? J'entrevoyais

d'ailleurs , un mystère dont je ne pouvais rien débrouiller.

Je voyais bien que j'occupais tout le
monde. Le fils de Madame Durancy
m'aimait et me le faisait sentir sans
me le dire. Madame Durancy paraissait me caresser beaucoup devant son
fils, et pendant son absence elle était
froide et réservée avec moi. Jeannette ,
bonne de madame Durancy et dont
j'aurai dans un instant amplement sujet et occasion de parler, me regardait sans cesse , soupirait près de moi ,
et ne me parlait jamais. La vieille qui
me servait, devenait plus obligeante
et moins taciturne avec moi : enfin j'é-
tais le sujet de quelque menée que
j'espérais découvrir ce soir. Il me vint en
idée de n'user que modérément de vin,
je crus qu'il était cause de l'assoupis-
sement que j'avais ressenti la dernière

fois , je me décidai même à ne point boire d'une liqueur excellente que l'on me servait comme très - stomacale , en conséquence je me levai sous prétexte de lassitude.

J'obtins la permission de me retirer et je montai dans ma chambre. A peine chez moi , la bonne m'apporte le flacon qui contenait cette liqueur avec une invitation pressante de la part de madame , de ne pas me coucher sans en prendre ; mais au lieu de suivre cet avis je versai dans un verre la portion que je devais prendre et me mis au lit. J'étais curieuse de voir coucher madame : je me tapis sur le côté et j'attendis avec impatience son arri-vée , demi-heure après on entre ; ma-dame Durancy me demande fort haut si je dormais , je ne réponds pas ; elle dort , dit - elle à demi - voix , déshabillons-nous. Un instant après le rideau de mon lit s'entrouvre et je me sens baiser sur la bouche avec tant d'ardeur que j'en tressaillis intérieurement ; on enlève la couverture avec précaution ; des lèvres brûlantes s'appliquent sur mon sein, en pressent le bouton, et de légers coups de langue me causent un délicieux chatouillement, on essaie de lever ma chemise ; mais je m'étais enveloppée au point qu'il fut impossible d'en venir à bout sans crainte de m'éveiller. On me retourne avec précaution et bientôt je sentis ma chemise remonter doucement jusqu'à la hauteur de mon sein ; mon corps est aussitôt couvert de baisers, deux mains tremblantes écartent mes cuisses de manière que l'entrée du temple de l'amour est entièrement libre : d'ardens baisers y sont prodigués. Avec la langue on en caresse les rives , on cherche à l'introduire : d'une main on presse mes fesses et de l'autre on cha- touille légèrement le bouton de mon sein.

Ces diverses sensations me font éprouver une ivresse inconcevable ; j'ouvre à demi l'œil , et à la lueur d'une lanterne sourde j'aperçois distinctement madame Durancy nue au pied de mon lit ; mais je ne pouvais concevoir qui avait la tête entre mes jambes et était couchée à plat sur mon lit. Madame Durancy d'une main tenait élevée sa chemise et de l'autre elle fustigeait légèrement son cul ; si elle s'arrêtait , c'était pour appliquer sa bouche sur son derrière , elle reprenait ensuite son premier emploi ; il me parut que cette cérémonie lui causait une assez douce sensation , car à chaque coup son postérieur bondissait d'aise. Ce jeu dura peu. Après madame Durancy se renversa sur le lit de manière que sa tête touchait à ma hanche, et la personne inconnue, et que je ne pouvais distinguer, se coucha sur elle, de sorte que la bouche de madame Durancy étant au niveau de mon bijou, cette personne pouvait promener ses baisers sur l'une et sur l'autre; cependant, je ne comprenais rien à tout ce qui se faisait, le derrière de la personne qui était dessus, se haussait et se baissait a différentes reprises ; mais avec un tel vacarme que le bois de mon lit en gémissait. Quant à madame Durancy, elle me parut goûter beaucoup de satisfaction. L'inconnu, car enfin, je me doutais bien que c'était un homme, qui la couvrait de baisers de moment à l'autre, ensuite sa lan-

gue venait me faire tressaillir avec son
charmant jeu , et cette langue polis-
sonne se promenait ainsi de la bouche
de madame Durancy au bijou de Caroline: Tout ce qui se passait autour
de moi , le feu de mon imagination , les
vives sensations que me procurait l'inconnu , hâtèrent l'instant du plaisir;
au mouvement que je fis , il s'en aper-
çut , alors la rapidité de son action
acheva de me plonger dans le délire
et la volupté se peignit par mes soupirs et l'agitation de tout mon corps ;
ils me parurent aussi par leurs mouvemens , leurs expressions , avoir goûté
la même jouissance.

Cependant on se retire et l'absence
de ce couple libertin me permit de me
livrer aux réflexions qu'excitait en moi
tout ce qui venait de se passer. Le
sommeil me surprit au milieu des idées

confuses qui agitaient mon esprit. Il était onze heures du matin, lorsque madame Durancy entra dans ma chambre avec son fils ; ils venaient m'avertir qu'ils partaient pour la campagne ; jusqu'à leur retour ils me laissaient avec la cuisinière et Jeannette qui était indisposée ; d'ailleurs la maison était abondamment fournie ; ils m'embrassèrent tous deux. Le fils me glissa vingt-cinq louis pour mes menus plaisirs me dit-il. Quant à madame Durancy, elle me recommanda d'être sage à mon ordinaire et de ne pas voir Jeannette, parce que ce serait m'abaisser ; au moins de ne pas me familiariser avec elle ; que du reste je pouvais agir comme l'absolue maîtresse du logis : nous nous séparons.

A peine fus-je seule, que je songeai à la défense que me faisait Madame ,

de ne pas me familiariser avec Jeannette. C'était la première fois qu'il
était question de cette fille entre madame Durancy et moi. Tu crois St.-Far,
que cette Jeannette est ma bonne ; mais
non ! La maison de madame Durancy
était composée, d'une vieille cuisinière
qui ne sortait pas de sa cuisine, d'une
bonne qui servait à table et qui était
plus particulièrement attachée à mon
service, et de Jeannette, jeune brune
piquante, jolie à ravir, femme de
chambre uniquement occupée de madame Durancy. Depuis trois mois
qu'elle était à la maison, je ne lui
avais pas dit deux paroles parce que
nous ne nous étions jamais rencontrées
ensemble. La chambre de madame
Durancy m'était interdite, et Jeannette
ne sortait presque jamais de cette
chambre. Je ne sais pourquoi je mou-

rais d'envie de causer avec cette fille ;
cette envie augmenta bien davantage
quand on me l'eut défendu. Ma première idée aussitôt que je fus libre, fus
donc de voir Jeannette ; mais comme
elle était indisposée ainsi que je l'ai dit
et que je ne croyais pas convenable
d'aller la voir, je sonnai la cuisinière
pour qu'elle me donna de ses nouvelles et m'apporter mon déjeûné ;
quelle fut ma surprise de voir aussitôt
entrer Jeannette, Eh ! comment se
fait-il que vous soyez si bien portante,
vous, il y a un instant si malade. —
Écoutez, mademoiselle Caroline, je vais
vous parler vrai, j'ai cru que je serais
heureuse, si je pouvais vous parler un
instant. Comme j'ai su qu'on devait
aller à la campagne, et qu'étant du
voyage vous resteriez avec votre en-
nuyeuse bonne, ce qui peut-être vous

serait insupportable, j'ai feint une indisposition pour ne pas les suivre à
cette campagne, où leurs affaires vont
les retenir huit grands jours. J'ai fait
ensorte que l'on prit votre bonne à ma
place, les voilà partis, je ne suis plus
malade, et je tâcherai que ces huit
jours ne vous ennuient pas tant que
si vous fussiez restée seule avec votre
imbécille, pardonnez-moi le mot, mais
il est vrai ; je la remerciai un peu ironi-
quement du soin qu'elle voulait prendre
de me distraire ; mais intérieurement
je lui sus bon gré de cette adresse,
dont je me réjouissais autant qu'elle
et sans savoir pourquoi. Je lui demande
ensuite mon déjeûné, qui est servi
avec promptitude, et pendant que je
mangeais, elle me fit cent contes dont
j'eus peine à m'empêcher de rire ; à
peine eu-je déjeuné, qu'elle m'offre

ses services pour m'habiller. — Comment mademoiselle, si je le veux; mais c'est votre devoir. Elle éclate de rire et dejà elle s'empare de moi; mais elle faisait tout de travers; il me semblait qu'elle cherchait tous les moyens de prolonger cette toilette. Pendant cet interval, je la questionnai..... Elle me dit qu'elle était née de parens pauvres, que madame Durancy l'avait prise depuis trois mois par charité à son service, et qu'elle attendait patiemment que l'instant d'apprendre un métier se présentât. Je la questionnai sur les habitudes de madame Durancy, sur son fils; mais elle fut discrète et je l'en estimai davantage. Nous passâmes le jour à nous occuper de quelques ouvrages de femme, ma compagne n'y développa pas une grande adresse. La journée fut sans conséquence; le lendemain, Jeannette me parut plus timide qu'à l'ordinaire, elle ne folâtrait pas ; plus de bons mots, de saillies ; elle tremblait en me versant mon chocolat qu'elle renversa presque en entier sur moi ; elle tremblait en m'habillant ; elle était d'un sérieux extraordinaire. Enfin, elle jouait mon rôle de la veille. Ce n'était pas là mon compte ; je pris le parti de prendre le sien. Je folâtrai, lui fis mille niches ; mille plaisanteries, la raillai sur sa mauvaise humeur, lui demandai pardon de l'avoir traitée la veille avec tant de morgue. Pour faire ma paix je voulus qu'elle mangeât à ma table.

La cuisinière nous faisait faire excellente chair ; je fis boire à Jeannette quelques verres d'un vin blanc fort pétillant, et bientôt je vis ma jeune folle, excitée par mes caresses et par le vin, me le disputer par ses espiègleries ; elle sautillait autour de moi , paraissait avoir la tête prise ; elle me baisait les mains , dérangeait et enlevait mon fichu, soulevait mes jupons , et, par saillies , les jettait assez haut pour découvrir une partie de mes cuisses. En faisant ces petites plaisanteries , nous buvions vins fins , liqueurs , et nous voilà toutes deux plus que gaies , et continuant toujours nos folies. Comme elle était beaucoup plus forte que moi, j'avais bien de la peine à me débarrasser d'elle ; en vain je cherchai à prendre ma revanche, en passant ma main sous ses jupons , toujours son adresse surpassait mon attente , j'enrageais : ses persécutions m'avaient mise en nage. Je demande une trève pour ôter nos vêtemens ; elle y souscrivit, en ajoutant que si mon envie était de lutter, elle allait, comme moi, s'y préparer, et nous voici bientôt en jupons courts, en blancs corsets. Nous convînmes que celle qui trousserait l'autre le plus haut lui imposerait telle peine qu'elle jugerait à propos. La robuste Jeannette me saisit aussitôt, me renverse sur le lit. Malgré mes efforts, je vois bientôt mes jupons voler pardessus ma tête. Jeannette triomphe, aussitôt elle me dicte ses ordres : je me tiens debout, elle me bande les yeux, me fait relever mes habits jusqu'à la hauteur de mes reins ; dans cet état, elle se récrie sur la beauté de mon corps. Ses caresses réitérées attestent son enthousiasme, il me semblait que les rives du séjour des plaisirs se gonflaient. Jeannette y mit la main, comme j'allais l'en prier. J'étais toute en feu ; elle me renverse sur le lit et se couche sur moi. Je ne pus la sentir dans cet état, sans me rappeler la scène qui s'était passée entre Mme Durancy et l'inconnu; mon cœur palpitait ; un baiser que Jeannette me donne sur la bouche m'enflamme ; je le lui rends en la serrant dans mes bras. Alors, elle relève ses jupons et son ventre est appuyé contre le mien ; ce doux contract m'électrise, à l'approche de sa main, qu'elle passe entre mes deux cuisses. Je les entr'ouvre avec volupté, bientôt son doigt s'anime.... Quels délices.... Je rendais au centuple les baisers qu'elle me donnait ; je la serrais dans mes bras..... Je relevais son jupon jusqu'au milieu des reins, et je caressais son joli derrière. Les atteintes du plaisir se font sentir ; mes cuisses se soulèvent amoureusement ; mes jambes se croisent sur sa croupe, et, dans cette attitude, la fontaine de l'amour s'ouvre , et son épanchement fait circuler dans mes veines cette sensation délicieuse qui s'empare de toutes les facultés de l'ame. Je ne sors de cet état que par la douleur occasionnée par les efforts de Jeannette , pour m'introduire dans le temple son doigt , qu'elle avait tenu jusqu'alors à l'entrée ; je jetai un cri et arrachai le bandeau qui me couvrait la vue en me relevant avec précipitation. Soudain , Jeannette se retire , et je vois clairement ses cotillons avancés extraordinairement ; je me jette à bas du lit , cherchant à la surprendre tandis qu'elle était à la croisée , où elle feignait de regarder le jardin pour cacher son trouble , je glisse ma main sous sa chemise ; je saisis au haut de ses cuisses je ne sais quoi de dur , que sa vitesse à se retourner empêche de retenir. Soupçonnant alors que Jeannette était un homme déguisé, j'en fus si enchantée qu'un tremblement universel de plaisir s'empare de moi et un trouble difficile à cacher. Je pris le parti d'éloigner Jeannette, sous prétexte que, désirant souper de bonne heure, elle devait donner des ordres à la cuisinière. En conséquence Jeannette sortit. Elle fut bientôt de retour; mais son air était gêné, inquiet, mystérieux; elle baissait les yeux, ses joues étaient vivement colorées. Je lui donnai un léger soufflet, en lui disant que c'était pour la punir de m'avoir fait mal avec son doigt. Alors ell· me regarda d'un air si tendre, que je fus tentée d'appliquer mes lèvres sur sa belle bouche.

Après souper, nous nous enfermâmes dans ma chambre. Le temps était orageux, les éclairs sillonnaient de toutes parts. Je feignis d'avoir peur, et j'engageai Jeannette à coucher avec moi, bien résolue de vérifier mes doutes ; je savais où était le flacon qui renfermait la liqueur dont je soupçonnais la vertu soporifique ; je lui en fit prendre, à dessein, un grand verre, et, peu de temps après, elle s'assoupit en effet, au point qu'il ne lui resta que la liberté de gagner le lit, où, sur-le-champ, elle se mit à dormir profondément.

Après être restée encore quelques momens à la croisée à examiner l'effet de l'orage, afin de m'assurer du sommeil de Jeannette, je m'approche pas à pas du lit, pleine de désirs, de curiosité et d'espérance. Je lève doucement la couverture et je porte ma main en tremblant sur cet endroit qui avait

9

excité ma curiosité. Ma surprise fut extrême ainsi que ma joie, en aperce-
vant un petit membre singulier étendu
le long de ses cuisses et attaché entre
elles deux, au milieu de deux petites
boules ovales. Ah ! je n'en puis douter,
m'écriai-je avec transport, c'est un
homme ! c'est un dieu ! c'est l'amour
qui me l'envoie ! Je presse cet objet
dans mes mains ; je le baise et rebaise
au souvenir de la volupté qu'il m'a
procurée. Je lève ma chemise et mon
doigt agit ; mais ce qui porte Jeannette a quelque chose de plus flat-
teur. Je me mets nue, je monte sur
le lit, j'écarte les cuisses et je me
baisse de manière que, prenant ce
doigt, d'une nouvelle espèce pour
moi, je le levai jusqu'à la fente de
l'amour ; et, le promenant le long de
la rive de la volupté, je le sentis croî-

tre, se grossir, se roidir, s'efforcer de
se coucher sur le ventre, au bas du-
quel il était fixé, de manière que je le
tenais à peine droit vers ma fente,
contre laquelle bientôt il lance une liqueur brûlante qui inonde l'entrée du
temple du plaisir, et retombe sur le
duvet épais qui l'environne. Cet abon-
dant épanchement met le comble à
mon plaisir et à mon joyeux étonne-
ment; si je ne m'étais retenue, je serais tombée pleine d'ivresse sur le
corps de mon charmant adonis.....
Cependant j'examine la construction
de cet objet. qui, dans ses mains,
était devenu le charmant instrument
de ma jouissance. Combien sa struc-
ture et ce qui en dépendait me parurent étonnant, de l'étroite ouverture
placée au haut de la tête, distillait
encore une liqueur que je crus avoir

été excitée par le même plaisir, qui avait sur moi le même effet : un léger frémissement qui s'était opéré dans Jeannette au moment de l'éjaculation, concourait à me le persuader. Après l'avoir considéré attentivement, je finis par le couvrir de baisers. Après quoi je me mis au lit, où bientôt je m'endormis.

J'avais eu la précaution de m'éloigner assez de mon joli dormeur pour ne lui laisser aucun soupçon ; je me faisais un charme de me laisser surprendre à la première occasion où nous recommencerions nos jeux. — Comment, Caroline, Jeannette ne s'éveilla pas, ne te le fit pas ! — Il faut encore que j'attende ! Ah ! maudite dormeuse, pourquoi buvais-tu du flacon ! — En vérité, Caroline, je ne puis plus attendre, dépêches-toi de réveiller ta jolie dormeuse. — Patience, patience, cher St.-Far, nous allons y venir.

Le lendemain, je m'éveillai, et me levai avant mon dormeur, qui me parut bien dépité et bien sot quand il me vit debout. Je fis semblant de ne rien apercevoir et le raillai sur sa paresse. Il paraît que la dose de liqueur soporifique avait une bien grande force, puisqu'elle avait si long-temps prolongé son sommeil. Je passai la matinée sans lui rien dire, ni faire paraître, mais l'heure du dîner étant arrivée, et Jeannette s'étant mise à table, le vin blanc stimula bientôt notre gaîté mutuelle.

Nous nous enfermons dans ma chambre; elle commence à me donner un petit coup sur les jupons; mais je lui dit que je ne voulais plus jouer avec elle, car les conditions qu'elle avait établies la veille lui étaient trop avantageuses, vu la disproportion de nos forces. Pour me satisfaire, elle me proposa d'abord de souscrire à tout ce qu'elle exigerait de moi, et qu'elle subirait à son tour les lois que je voudrais lui imposer. Ceci étant plus raisonnable, je tombai d'accord. Aussitôt je reçus l'ordre d'ôter mes vêtemens : assise sur un fauteuil au pied de mon lit, tandis que j'étais debout, Jeannette m'ordonne de lever ma chemise à hauteur indiquée ; toutes les fois que je manquerais le point fixe, je devais être fouettée. A sa voix, je me retourne, et je lève ma chemise de façon à ne lui montrer qu'une fesse. Comme je ne pus remplir ponctuellement l'ordre, elle me coucha sur ses genoux et me fustigea. Les verges

étaient si fines que leur chute me flat-
tait infiniment : leur chatouillement
me faisait écarter les cuisses ; les pointes effleuraient cette partie qui avoi-
sine le temple de l'amour. Je fus souvent dans le cas de recevoir cet agréable châtiment, car il était bien difficile d'exécuter exactement ce qu'elle
m'ordonnait. Il fallait tour-à-tour découvrir mes cuisses à la moitié , aux
trois quarts, enfin jusqu'à la hanche ;
une autre fois c'était la fesse droite ou
mon gazon. Je ne réussis que dans
deux points , ce fut de relever ma chemise successivement jusqu'au-dessus
de ma croupe et à la hauteur du nom-
bril : aussi, pour prix de mon adresse,
ces deux parties de mon corps furent
couvertes de baisers. Cependant le feu
de l'amour me pénètre par degré ;
combien j'étais amoureuse de celle qui

en développait les effets avec tant d'a-
grément et de délicatesse. Jeannette,
me voyant animée, change aussitôt ses
ordres : elle se lève, me fait tenir debout sur le lit, me fait écarter les
cuisses, sa bouche s'approche, sa langue joue legèrement ; d'une main elle
enlace mes reins, et de l'autre elle
continue de me fustiger ; elle s'arrête
de temps en temps. Ah ! Jeannette, lui
dis-je dans ces intervalles, qu'il est
doux de perdre au jeu avec toi ! ma
chère Jeannette, l'ivresse où tu me
plonges me met dans l'impossibilité de
te résister. Elle me fait encore changer
de position : toutes ces mutations, en
suspendant le cours des délices que
mon ame savourait, ne tendent qu'à
stimuler mes désirs ; tous les pores de
mon corps semblaient s'ouvrir pour
leur donner un libre passage. Jean-

A genoux sur le lit, me fait écarter les cuisses, sa langue
joue légèrement.

nette me prend amoureusement dans ses bras; docile à saisir la nouvelle position où elle me veut conduire, je suis déjà courbée sur le lit, mon derrière est exposé à ses regards, un coussin placé sous mon ventre l'exhausse, ma chemise voltige par dessus mes épaules, et les verges recommencent à agir sur mes fesses et sur une partie de mes cuisses; leur doux picotement aiguillonnent mes sens. Bientôt son ventre s'appuie sur moi; alors le chatouillement que j'éprouve n'est plus l'ouvrage de son doigt; je sens l'autre doigt de l'homme.... j'écarte les cuisses pour lui laisser plus de liberté.

Ah! quel accroissement de volupté! étendue et presque sans sentiment, à force de trop sentir, mon existence ne se manifeste plus que par des espèces de convulsions de ma croupe. Les verges, l'action de Jeannette ouvrent abondamment la source du plaisir. A ma respiration, au tressaillement actif et répété dont je fus saisie, Jeannette s'aperçoit de mon état; soudain elle ouvre avec ses deux mains l'entrée du temple d'amour, y guider son trait et l'y enfoncer ne fut l'ouvrage que d'un instant... Une douleur subite et cruelle m'arrache un cri aigü et je me pâme; mais l'effet inconnu de ce nouvel acte me rappelle à moi.... L'espèce de déchirement que je venais d'éprouver, se trouve presque effacé par une sensation qui se propage dans toutes les parties de mon corps, et suspend les facultés de mon âme. Je reviens enfin entièrement à moi, en me sentant inondée d'abondans flots d'amour, dont l'injection vive et variée ajoute à mon délire. Mon jeune

amant m'embrasse, me relève m' ôte
jusqu'à la trace des pleurs sanglans
que la sensible volupté nous a fait
verser.

Telles sont mon ami les circon-
stances qui ont précédé la perte de
cette fleur, objet de l'envie de tous
les hommes, et que tu crois avoir
conquise lors de notre aventure. —
Ah! petit coquin, qu'il fût heureux,
Caroline, d'avoir cueilli ta rose charmante! Mais en vérité tu l'as si étroit
que c'est toujours un pucelage avec
toi : allons, que dans ce moment je
sois vengé, que mille baisers couvrent
tes lèvres incarnates, que je recueille
jusqu'au moindre souffle que tu exha-
les.... Globes charmans, arrondis par
l'amour!... Quelle fraîcheur encore!
quelle élasticité!... quelles cuisses toujours pleines de suc!... Et ce gazon,

asile de la volupté, et dont le noir ébène
relève la blancheur de ta peau fine et
veloutée!... Ce temple... j'en suis le
dieu... j'y pénètre... je coule... dieux...
je me meurs.... dans.... les délices....
Oui, je le jure, Caroline, tu vaux encore un pucelage. — Allons, c'est assez, St-Far, essuie-toi, des macarons...
du rota... bon ! sois sage. Écoute :

Après ce qui venait de se passer,
Jeannette était tremblante à mes côtés;
l'ayant embrassée, je lui parlai ainsi :
Vous m'avez trompée, Jeannette, vous
êtes un homme ; mais cependant j'excuse tout; si dès ce moment vous me
jurez d'être désormais franc en tout
avec moi : j'exige un aveu général. —
Adorable Caroline, ma franchise éga-
lera votre bonté, reprit tendrement
Jeannette, je suis homme en effet. Je
me nomme Brabant, et voici le sujet

de mon déguisement. Il y a environ trois mois que madame Durancy se promenait hors la ville, le long du fleuve, j'étais assis triste et rêveur, sur un tertre élevé, j'étais vivement affecté d'un vol que l'on m'avait fait; cent louis, reste unique des débris de ma fortune que de malheureux procès avaient dévorée, en causant la mort d'un de mes parens, venaient de m'être enlevés à l'auberge où j'avais couché. Près d'une grande ville, sans ressource, sans connaissance, je réfléchissais à ce que je devais faire, lorsque cette dame vint s'asseoir à côté de moi, accompagnée d'une personne qui me parut de ses amis : nous engageâmes la conversation ; mon sort l'intéressa au point qu'elle m'invita à la suivre.

Nous partîmes, elle me conduisit chez une dame de sa connaissance,

lui laissa quelqu'argent et s'en fut , en
m'invitant à ne pas m'inquiéter, qu'elle
ne tarderait pas à revenir. Je résolus
de mon côté de m'abandonner au sort
de cette aventure ; c'est ce que je pouvais faire de mieux, n'ayant pas le sou.
Le lendemain , je vis arriver ma pa-
trone ; elle me parla fort amicalement ,
elle me dit que son intention était de
me conduire chez elle , si je voulais
me résoudre à changer extérieurement
de sexe ; elle ajouta que je n'aurais pas
à me repentir de ma complaisance , en
me parlant ainsi , elle me passait une
main douce sous le menton , m'attirait
à elle , s'approchait si près de moi que
je l'embrassai sur la bouche. Vous avez
l'air d'un petit libertin, me dit-elle; mais
nous vous corrigerons; allons , venez.
Mais nous quittons la personne de connaissance , je monte dans sa voiture ,

et nous arrivons dans une maison où l'on nous introduisit dans une chambre retirée.

Une femme entre portant quelques hardes, et madame Durancy, après les avoir examinées, m'apprend qu'elles me sont destinées : c'étaient des habits de femme. Mon enfant, me dit-elle, je vais vous conduire chez moi, vous y resterez jusqu'à nouvel arrangement; mais comme mon mari est singulièrement jaloux, sous ce déguisement vous ne lui ferez aucun ombrage. Maintenant, que je vous apprenne à vous habiller, de crainte que votre mal-adresse ne vous décelle ; allons, à bas tous vos vêtemens. Sa présence à cette nouvelle toilette m'intimidait au point que je ne m'acquittai qu'avec lenteur de cette opération. Les deux femmes s'impatientèrent; ah !

ah ! Monsieur, de la modestie ! dit madame Durancy, vous faites l'enfant ; allons , aidez-moi. L'autre femme à qui s'adressaient ces paroles , déboutonne mon habit, et me l'enlève ; madame Durancy s'attache à mon haut-de-chausse , il est bientôt sur mes talons.

Voyons donc à présent, Monsieur, de la pudeur : tirons-lui sa chemise par en haut. Ah ! ah ! s'écrie-t-elle, à mesure qu'elle remontait, et c'est donc ceci que Monsieur ne voulait pas nous montrer ; effectivement, il avait raison, il a un assez joli bijou ; en parlant ainsi, elle le pressait délicatement de manière qu'il remplit bientôt sa main ; vous êtes un petit polisson, me dit-elle, en me frappant légèrement sur le derrière, elle se mit ensuite à arranger mes cheveux ; de crainte que

la poudre ne blanchit ses jupons , elle
les avait troussés du devant fort haut
et fixés du derrière avec une épingle ,
de sorte que sa chemise seule couvrait
par devant ses charmes. Appuyée contre le manteau d'une cheminée , ses
jambes écartées , elle m'approche d'elle
au point que nos deux ventres se tou-
chaient ; — Mais faites donc tenir ce
drôle-là en repos , ajouta - t - elle , en
portant la main sur ce qu'elle appellait
mon bijou et en feignant de chercher
à le détourner ; les approches de sa
main me causaient une si agréable impression que sa raideur augmentait et
le ramenait toujours au même point.
Les appas de madame Durancy qui
n'étaient séparés de moi que par un
linge dont le tissu égalait la finesse de
sa peau , augmentaient mon ardeur....
Cependant son activité en arrangeant

mes cheveux me fit balancer au point
que je crus devoir me raffermir ; en
plaçant mes mains sur ses hanches.
Appuyez-vous sur moi, me dit-elle.
En vertu de cet arrangement, je croi-
sais peu à peu les bras derrière son
dos, je fis semblant de jouer avec mes
doigts, mais je m'étudiai réellement à
relever sa chemise avec dextérité ;
je tremblais que le frottement causé
par l'exhaussement de son linge ne
décélât mon dessein : avec quelle impatience je désirais appliquer mes
mains sur ses fesses que je me peignais
être d'un poli et d'une blancheur écla-
tante ! Je touchais déjà presqu'à l'ex-
trémité de sa chemise, un mouvement
trop précipité me fait craindre de tomber et j'applique subitement les mains
sur ses fesses. Que veut donc dire
ceci, me dit-elle, avec un ton des

plus froids ! J'étais confus au point qu'elle dut sentir mon bijou se détendre et rentrer presque dans le néant ; je n'osai plus remuer, et ne quittai ma position quoiqu'à regret, que lorsqu'elle m'avertit que ma toilette était finie : alors on acheva de m'habiller en femme de chambre. Je respirais une voluptueuse molesse sous ce vêtement et je croyais toute la cérémonie terminée, lorsque madame Durancy me couche sur le lit et me trousse ; je me comparai alors à une victime fortunée du dieu des plaisirs. Elle s'empara de mon bijou : il faut éviter, dit-elle, à l'autre femme que sa tention ne le décèle à mon mari : à l'aide de ce lien, il pourra le fixer sous les cordons des jupons : il faut aussi ménager les deux petits globes, en disant cela, elle les

agitait lentement avec sa main........,
Que dirais-je, mon bijou fut bientôt
aussi brillant qu'il l'avait été un instant
auparavant. Vous êtes donc plus polisson que jamais, me dit-elle, en me
levant la cuisse et m'appliquant quelques coups assez forts ; ce n'était pas
le moyen d'assoupir mes feux : aussi
une innondation jaillit aussitôt et cou-
vrit la figure de madame Durancy.
Comment, malhonnète, s'écria-t-elle ;
ah ! dieux.... — Ma.... da... me, je...
vous.... oh !.... pardon.... furent les
seules paroles que je pus proférer dans
l'évasion du fluide amoureux ! Pendant
ce temps là, elle me frappait le derrière assez lestement. Je vous demande
pardon, lui dis-je avec un grand sou-
pir ; mais en vérité ça cause tant de
plaisir, que le respect le plus grand

n'en peut interrompre le cours ; elle se mit à rire, acheva de m'arranger et nous sortîmes.

J'arrivai chez madame Durancy ; elle me présenta à son mari, comme une excellente acquisition, pour femme de chambre. Il me reçut assez bien, me passa la main par-dessous le menton et me donna un petit soufflet en riant. Quant à madame, elle m'accabla de bontés dont je ne fus pas dupe, présumant que sous peu de temps j'en ferais porter de très hautes à son mari. Effectivement, comme il fut obligé de partir deux jours après pour la campagne ; elle voulut que je couchasse avec elle, et depuis ce temps-là, nous n'avons cessé de faire des nôtres, et je la console d'avance de l'absence et des infidélités prochaines de M. de Varennes. — Et qu'appelles-tu de Va-

rennes , dis-je à Brabant ? — Et c'est
ce jeune homme que devant moi elle
appelait son mari , que devant vous
elle appelle son fils , et qui n'est autre
chose qu'un jeune homme très-riche
qui vit avec elle depuis quatre ans.

Mais je crains bien que bientôt la belle
Caroline ne supplante Durancy. Elle
me disait, il y a deux jours : « C'en
» est fait, de Varennes m'échappe : il
» est fou de la petite Caroline ; mais
» tu me resteras, n'est-ce pas ma chère
» Jeannette ? Je suis maintenant assez
» riche pour faire ton bonheur. Oh !
» oui, oui, tu me resteras. » Telle est
ma position à l'égard de madame Durancy; mais quelle différence entre cette
femme et l'aimable Caroline ! Je te vis
très rarement, comme tu sais; je n'o-
sais te parler, sachant, d'une part, que
tu étais destinée à M. de Varennes , et

de l'autre, me voyant surveillé singulièrement par madame Durancy. Ce
n'est que pour toi, pour pouvoir te
parler, te dire combien je t'aimais,
que j'ai feint une grande indisposition
lors du départ de nos hôtes, et c'est
avec inquiétude que madame Durancy m'a laissé à la maison, et avec une
sévère défense, et sous peine d'en-
courir son indignation, si je te parlais
et te découvrais le mystère. — Ah !
cher Brabant, lui dis-je, que je suis
heureuse que ce charmant mystère
soit découvert. Allons, jurons- nous
de nous aimer toujours, et cimentons
par mille baisers ce joli serment.

Pendant le peu de jours qui s'écoula
encore avant l'arrivée de nos hôtes,
il n'est point de sacrifices que nous ne
fissions à l'amour, il n'est point de
culte bisarre que nous n'inventions

pour lui plaire. Brabant en avait beaucoup appris de madame Durancy ;
mais notre imagination nous fournit
encore mille cérémonies nouvelles et
charmantes. Mais, de toutes les posi-
tions que nous inventâmes, il n'en est
aucune qui nous fit autant de plaisir
que celle-ci : nue, j'étais à genoux
sur un coussin, la tête baissée sur un
autre coussin de même placé sur le
parquet, de sorte que mon cul était
exhaussé. Brabant, également à genoux sur un coussin derrière ce cul,
avait la fente du bonheur à la hauteur
de son bijou ; il s'appuie contre mes
fesses et m'enconne, et, pendant ce
temps, il passe sa main le long de ma
hanche, la coule à mon bas - ventre et
son doigt est à mon clitoris, tandis
que le grand doigt de son autre main
est dans le trou de mon cul, et touche

entre une toile légère le haut de son Priape enfoncé : par ce moyen, il excite ou arrête le chatouillement mutuel, et l'on peut ainsi, par une manœuvre habile jouir un quart d'heure sans exciter la libation ; mais si alors on lui donne un libre cours, elle est si abondante que l'on se pâme tous deux et que l'excès du plaisir semble nous confondre et nous anéantir ensemble. — Ah ! pardieu, Caroline, nous allons sur le champ en renouveler l'expérience. — Non, non, Saint-Far, réservons cette manière, comme on dit, pour la bonne bouche, parce qu'en effet, après elle, on ne peut plus rien faire. — Allons, je me résigne.

Cependant madame Durancy et son prétendu mari ou fils arrivent ; fatigués du voyage, ils se retirent de bonne heure. Quant à moi, je me cou-

che tristement en me plaignant de l'absence de mon amant. M. de Varennes
vint me voir le lendemain : Caroline,
me dit-il, il est temps enfin que je vous
rende heureuse, si de votre côté vous
voulez consentir à mon bonheur. —
Vous avez bien des bontés, lui dis-je ;
mais que puis-je faire? vous savez que
je suis votre très-humble servante. Cet
air d'innocence l'enchante ; mais ne
s'en fiant pas à l'apparence. Permet-
tez, dit-il, avant d'en dire davantage,
de vous considérer à mon aise. Aussitôt, il fit rouler mon lit en face de la
croisée, enlève la couverture, et me
dit d'écarter les cuisses. Je m'acquittai ingénuement de cet ordre, et je vis
bientôt son œil pétiller et son visage
s'enflammer par degrés. J'ai oublié de
te dire que Brabant m'avait donné
pour me laver après nos orgies, d'une

eau que se servait madame Durancy.
Elle avait la propriété de rafraîchir et
de raffermir la peau , d'entretenir l'in-
carnat de l'entrée du temple de la volupté et de l'amour, et le pauvre
M. de Varennes fut, comme toi, dupe
sur mon pucelage. Je vis donc cet
amant s'extasier ; son œil brillait et
son visage s'emflammait par degrés.
Tout-à-coup , il se précipite sur moi
et me mord la cuisse avec tant de violence que je pousse un cri aigu. La
douleur me fait retourner, et soudain
il applique ses dents dans mon derrière
avec la même fureur. Je me retournai
précipitamment : grâce, lui criai-je
dans l'excès douloureux qui me péné-
tre ; j'agite mes bras, mes cuisses en
tous sens. M. de Varennes se tient debout et contemple avec avidité tous
ces mouvemens occasionnés par la

douleur, qui dans un instant lui déve-
loppe cent fois mes charmes. — Cette
petite amie, dit-il, comme elle souf-
fre! Voyons que je la guérisse. — Ah!
que vous êtes cruel, lui dis-je avec
douceur, que vous m'avez fait de mal!
voyez dans quel état vous m'avez mise;
je lui présente bonnement le derrière.
— La pauvre enfant, dit-il en y passant légèrement la main; c'est dom-
mage. Tout-à-coup, il me serre les
deux fesses et me les mord toutes
deux avec tant de force, que je faillis
perdre l'usage des sens : une chaleur
cuisante retient mes esprits, alors,
tout mon corps bondit de diverses ma-
nières ; je l'appelle bourreau, tyran.
Dans cet état, de Varennes s'élance
sur moi. Trop occupée de mes douleurs, il ne m'entre pas dans l'idée de
lui résister, et je ne m'apperçois de ses

intentions que lorsque je sens intérieurement l'action de son Priape. L'ayant
très-étroit et la route n'étant pas encore bien frayée, je ressentis encore
beaucoup de douleur, parce que de Varennes l'avait gros ; d'un autre côté, le
mal que me faisait mes fesses me tour-
mentait au point que, dans la crainte
de m'appuyer sur le lit, pour ne pas
l'augmenter, je tenais mon derrière
suspendu ; les endroits où il m'avait
mordu semblaient contenir des pointes
aigües, dont la pression subite et ré-
pétée augmentait et variait le mouvement de ma croupe. De Varennes ne
bougeait pas, il se reposait sur mon
activité pour jouir, et si mes douleurs,
plus paisibles, arrêtaient leurs effets,
il avait la précaution de toucher un
peu rudement la partie qu'il avait
mordue, alors ma croupe se relevait

spontanément, donnait un nouveau prix à ses jouissances, et lui préparait les plus agréables délices, dont sa cruauté seule avait fait les frais. Enfin il s'en fut, après avoir laissé près de moi une bourse considérable; je tâchais d'oublier mes douleurs en la visitant : elle contenait mille louis. La grandeur du présent me rendait mes douleurs plus supportables, et, me plaçant sur le côté, je cherchai à m'assoupir, la tête appuyée sur un oreiller d'or. J'avais passé deux heures dans cet état quand on vint m'avertir que le dîner était prêt; mais je répondis qu'une indisposition me retenant au lit, je ne pouvais descendre. Ce ne fut que le surlendemain que je pus me tenir debout.

De Varennes vint me revoir; je le reçus avec tant d'aigreur, qu'il se retira. Le jour d'après, il se présenta de nouveau, me fit des excuses, que je fus obligée de recevoir. Il me conta alors tout ce que son amour lui avait inspiré pour moi. C'était lui qui exigea de madame Durancy de me prendre chez elle ; c'était lui qui avait surveillé et payé mon éducation et mes maîtres ; c'était lui qui s'était déguisé en femme, et qui s'était présenté sous le titre de couturière ; c'était lui qui était venu la nuit dans mon lit, quand je croyais y recevoir madame Durancy. Après cet exposé de la conduite qu'il avait tenue à mon égard, et après avoir soupiré, disait-il, pour moi pendant six mois, il voulait enfin être mon amant. Il me dit que déjà madame Durancy, qu'il crut m'apprendre n'être pas sa mère, était prévenue, qu'il venait d'assurer son sort, et que sous trois jours il en sera débarrassé. Que, quant à moi, maîtresse de son bonheur, je le serais également de sa fortune, si je voulais être sage et constante. De si brillantes promesses me firent oublier les coups de dents que j'avais reçus. Mon bonheur futur me paraissait assuré, lorsqu'un événement singulier fit avorter tant de beaux projets. Après un dîner...

— Un moment, Caroline ; j'ai bien voulu laisser calmer les douleurs de tes fesses, qui ont fait tant de plaisir à ton brutal amant, avant de jouir de mon droit ; mais maintenant que tu es guérie, permets-moi de te rappeler, mais d'une manière plus douce, la blessure que te fit cet extravagant. — Oh! mon cher Saint-Far, tu me fais autant de plaisir qu'il me fit de mal. Dieux.... quel charme !.... quelle vigueur... Tu semble être toujours à ton premier coup..... oup...... oup.... tu m'inondes.... Ah! divin St.-Far, tu es..... invincible, et je crains bien d'être vaincue... Eh bien! donnes-moi donc le macaron et le petit verre..... Bien; mais, où en étais-je? — Tu en étais après dîner.

FIN DU TOME PREMIER.